Author :

Title:

Contact:

SCENE #

ACTION :

DIALOGUE :

SCENE #

ACTION :

DIALOGUE :

SCENE #

ACTION :

DIALOGUE :

SCENE #

ACTION :

DIALOGUE :

SCENE #

ACTION :

DIALOGUE :

SCENE #

ACTION :

DIALOGUE :

SCENE #

ACTION :

DIALOGUE :

SCENE #

ACTION :

DIALOGUE :

SCENE #

ACTION :

DIALOGUE :

SCENE #

ACTION :

DIALOGUE :

SCENE #

ACTION :

DIALOGUE :

SCENE #

ACTION :

DIALOGUE :

SCENE #

ACTION :

DIALOGUE :

SCENE #

ACTION :

DIALOGUE :

SCENE #

ACTION :

DIALOGUE :

SCENE #

ACTION :

DIALOGUE :

SCENE #

ACTION :

DIALOGUE :

SCENE #

ACTION :

DIALOGUE :

SCENE #

ACTION :

DIALOGUE :

SCENE #

ACTION :

DIALOGUE :

SCENE #

ACTION :

DIALOGUE :

SCENE #

ACTION :

DIALOGUE :

SCENE #

ACTION :

DIALOGUE :

SCENE #

ACTION :

DIALOGUE :

SCENE #

ACTION :

DIALOGUE :

SCENE #

ACTION :

DIALOGUE :

SCENE #

ACTION :

DIALOGUE :

SCENE #

ACTION :

DIALOGUE :

SCENE #

ACTION :

DIALOGUE :

SCENE #

ACTION :

DIALOGUE :

SCENE #

ACTION :

DIALOGUE :

SCENE #

ACTION :

DIALOGUE :

SCENE #

ACTION :

DIALOGUE :

SCENE #

ACTION :

DIALOGUE :

SCENE #

ACTION :

DIALOGUE :

SCENE #

ACTION :

DIALOGUE :

SCENE #

ACTION :

DIALOGUE :

SCENE #

ACTION :

DIALOGUE :

SCENE #

ACTION :

DIALOGUE :

SCENE #

ACTION :

DIALOGUE :

SCENE #

ACTION :

DIALOGUE :

SCENE #

ACTION :

DIALOGUE :

SCENE #

ACTION :

DIALOGUE :

SCENE #

ACTION :

DIALOGUE :

SCENE #

ACTION :

DIALOGUE :

SCENE #

ACTION :

DIALOGUE :

SCENE #

ACTION :

DIALOGUE :

SCENE #

ACTION :

DIALOGUE :

SCENE #

ACTION :

DIALOGUE :

SCENE #

ACTION :

DIALOGUE :

SCENE #

ACTION :

DIALOGUE :

SCENE #

ACTION :

DIALOGUE :

SCENE #

ACTION :

DIALOGUE :

SCENE #

ACTION :

DIALOGUE :

SCENE #

ACTION :

DIALOGUE :

SCENE #

ACTION :

DIALOGUE :

SCENE #

ACTION :

DIALOGUE :

SCENE #

ACTION :

DIALOGUE :

SCENE #

ACTION :

DIALOGUE :

SCENE #

ACTION :

DIALOGUE :

SCENE #

ACTION :

DIALOGUE :

SCENE #

ACTION :

DIALOGUE :

SCENE #

ACTION :

DIALOGUE :

SCENE #

ACTION :

DIALOGUE :

SCENE #

ACTION :

DIALOGUE :

SCENE #

ACTION :

DIALOGUE :

SCENE #

ACTION :

DIALOGUE :

SCENE #

ACTION :

DIALOGUE :

SCENE #

ACTION :

DIALOGUE :

SCENE #

ACTION :

DIALOGUE :

SCENE #

ACTION :

DIALOGUE :

SCENE #

ACTION :

DIALOGUE :

SCENE #

ACTION :

DIALOGUE :

SCENE #

ACTION :

DIALOGUE :

SCENE #

ACTION :

DIALOGUE :

SCENE #

ACTION :

DIALOGUE :

SCENE #

ACTION :

DIALOGUE :

SCENE #

ACTION :

DIALOGUE :

SCENE #

ACTION :

DIALOGUE :

SCENE #

ACTION :

DIALOGUE :

SCENE #

ACTION :

DIALOGUE :

SCENE #

ACTION :

DIALOGUE :

SCENE #

ACTION :

DIALOGUE :

SCENE #

ACTION :

DIALOGUE :

SCENE #

ACTION :

DIALOGUE :

SCENE #

ACTION :

DIALOGUE :

SCENE #

ACTION :

DIALOGUE :

SCENE #

ACTION :

DIALOGUE :

SCENE #

ACTION :

DIALOGUE :

SCENE #

ACTION :

DIALOGUE :

SCENE #

ACTION :

DIALOGUE :

SCENE #

ACTION :

DIALOGUE :

SCENE #

ACTION :

DIALOGUE :

SCENE #

ACTION :

DIALOGUE :

SCENE #

ACTION :

DIALOGUE :

SCENE #

ACTION :

DIALOGUE :

SCENE #

ACTION :

DIALOGUE :

SCENE #

ACTION :

DIALOGUE :

SCENE #

ACTION :

DIALOGUE :

SCENE #

ACTION :

DIALOGUE :

SCENE #

ACTION :

DIALOGUE :

SCENE #

ACTION :

DIALOGUE :

SCENE #

ACTION :

DIALOGUE :

SCENE #

ACTION :

DIALOGUE :

SCENE #

ACTION :

DIALOGUE :

SCENE #

ACTION :

DIALOGUE :

SCENE #

ACTION :

DIALOGUE :

SCENE #

ACTION :

DIALOGUE :

SCENE #

ACTION :

DIALOGUE :

SCENE #

ACTION :

DIALOGUE :

SCENE #

ACTION :

DIALOGUE :

SCENE #

ACTION :

DIALOGUE :

SCENE #

ACTION :

DIALOGUE :

SCENE #

ACTION :

DIALOGUE :

SCENE #

ACTION :

DIALOGUE :

SCENE #

ACTION :

DIALOGUE :

SCENE #

ACTION :

DIALOGUE :

SCENE #

ACTION :

DIALOGUE :

SCENE #

ACTION :

DIALOGUE :

SCENE #

ACTION :

DIALOGUE :

SCENE #

ACTION :

DIALOGUE :

SCENE #

ACTION :

DIALOGUE :

SCENE #

ACTION :

DIALOGUE :

SCENE #

ACTION :

DIALOGUE :

SCENE #

ACTION :

DIALOGUE :

SCENE #

ACTION :

DIALOGUE :

SCENE #

ACTION :

DIALOGUE :

SCENE #

ACTION :

DIALOGUE :

SCENE #

ACTION :

DIALOGUE :

SCENE #

ACTION :

DIALOGUE :

SCENE #

ACTION :

DIALOGUE :

SCENE #

ACTION :

DIALOGUE :

SCENE #
_____

ACTION :

DIALOGUE :

SCENE #
_____

ACTION :

DIALOGUE :

SCENE #
_____

ACTION :

DIALOGUE :

SCENE #

ACTION :

DIALOGUE :

SCENE #

ACTION :

DIALOGUE :

SCENE #

ACTION :

DIALOGUE :

SCENE #

ACTION :

DIALOGUE :

SCENE #

ACTION :

DIALOGUE :

SCENE #

ACTION :

DIALOGUE :

SCENE #

ACTION :

DIALOGUE :

SCENE #

ACTION :

DIALOGUE :

SCENE #

ACTION :

DIALOGUE :

SCENE #

ACTION :

DIALOGUE :

SCENE #

ACTION :

DIALOGUE :

SCENE #

ACTION :

DIALOGUE :

SCENE #

ACTION :

DIALOGUE :

SCENE #

ACTION :

DIALOGUE :

SCENE #

ACTION :

DIALOGUE :

SCENE #

ACTION :

DIALOGUE :

SCENE #

ACTION :

DIALOGUE :

SCENE #

ACTION :

DIALOGUE :

SCENE #

ACTION :

DIALOGUE :

SCENE #

ACTION :

DIALOGUE :

SCENE #

ACTION :

DIALOGUE :

SCENE #

ACTION :

DIALOGUE :

SCENE #

ACTION :

DIALOGUE :

SCENE #

ACTION :

DIALOGUE :

SCENE #

ACTION :

DIALOGUE :

SCENE #

ACTION :

DIALOGUE :

SCENE #

ACTION :

DIALOGUE :

SCENE #

ACTION :

DIALOGUE :

SCENE #

ACTION :

DIALOGUE :

SCENE #

ACTION :

DIALOGUE :

SCENE #

ACTION :

DIALOGUE :

SCENE #

ACTION :

DIALOGUE :

SCENE #

ACTION :

DIALOGUE :

SCENE #

ACTION :

DIALOGUE :

SCENE #

ACTION :

DIALOGUE :

SCENE #

ACTION :

DIALOGUE :

SCENE #

ACTION :

DIALOGUE :

SCENE #

ACTION :

DIALOGUE :

SCENE #

ACTION :

DIALOGUE :

SCENE #

ACTION :

DIALOGUE :

SCENE #

ACTION :

DIALOGUE :

SCENE #

ACTION :

DIALOGUE :

SCENE #

ACTION :

DIALOGUE :

SCENE #

ACTION :

DIALOGUE :

SCENE #

ACTION :

DIALOGUE :

SCENE #
ACTION :

DIALOGUE :

SCENE #
ACTION :

DIALOGUE :

SCENE #
ACTION :

DIALOGUE :

SCENE #

ACTION :

DIALOGUE :

SCENE #

ACTION :

DIALOGUE :

SCENE #

ACTION :

DIALOGUE :

SCENE #

ACTION :

DIALOGUE :

SCENE #

ACTION :

DIALOGUE :

SCENE #

ACTION :

DIALOGUE :

SCENE #

ACTION :

DIALOGUE :

SCENE #

ACTION :

DIALOGUE :

SCENE #

ACTION :

DIALOGUE :

SCENE #

ACTION :

DIALOGUE :

SCENE #

ACTION :

DIALOGUE :

SCENE #

ACTION :

DIALOGUE :

SCENE #

ACTION :

DIALOGUE :

SCENE #

ACTION :

DIALOGUE :

SCENE #

ACTION :

DIALOGUE :

SCENE #

ACTION :

DIALOGUE :

SCENE #

ACTION :

DIALOGUE :

SCENE #

ACTION :

DIALOGUE :

SCENE #

ACTION :

DIALOGUE :

SCENE #

ACTION :

DIALOGUE :

SCENE #

ACTION :

DIALOGUE :

SCENE #

ACTION :

DIALOGUE :

SCENE #

ACTION :

DIALOGUE :

SCENE #

ACTION :

DIALOGUE :

SCENE #

ACTION :

DIALOGUE :

SCENE #

ACTION :

DIALOGUE :

SCENE #

ACTION :

DIALOGUE :

SCENE #

ACTION :

DIALOGUE :

SCENE #

ACTION :

DIALOGUE :

SCENE #

ACTION :

DIALOGUE :

SCENE #

ACTION :

DIALOGUE :

SCENE #

ACTION :

DIALOGUE :

SCENE #

ACTION :

DIALOGUE :

SCENE #

ACTION :

DIALOGUE :

SCENE #

ACTION :

DIALOGUE :

SCENE #

ACTION :

DIALOGUE :

SCENE #

ACTION :

DIALOGUE :

SCENE #

ACTION :

DIALOGUE :

SCENE #

ACTION :

DIALOGUE :

SCENE #

ACTION :

DIALOGUE :

SCENE #

ACTION :

DIALOGUE :

SCENE #

ACTION :

DIALOGUE :

SCENE #

ACTION :

DIALOGUE :

SCENE #

ACTION :

DIALOGUE :

SCENE #

ACTION :

DIALOGUE :

SCENE #

ACTION :

DIALOGUE :

SCENE #

ACTION :

DIALOGUE :

SCENE #

ACTION :

DIALOGUE :

SCENE #

ACTION :

DIALOGUE :

SCENE #

ACTION :

DIALOGUE :

SCENE #

ACTION :

DIALOGUE :

SCENE #

ACTION :

DIALOGUE :

SCENE #

ACTION :

DIALOGUE :

SCENE #

ACTION :

DIALOGUE :

SCENE #

ACTION :

DIALOGUE :

SCENE #

ACTION :

DIALOGUE :

SCENE #

ACTION :

DIALOGUE :

SCENE #

ACTION :

DIALOGUE :

SCENE #

ACTION :

DIALOGUE :

SCENE #

ACTION :

DIALOGUE :

SCENE #
ACTION :

DIALOGUE :

SCENE #
ACTION :

DIALOGUE :

SCENE #
ACTION :

DIALOGUE :

SCENE #

ACTION :

DIALOGUE :

SCENE #

ACTION :

DIALOGUE :

SCENE #

ACTION :

DIALOGUE :

SCENE #

ACTION :

DIALOGUE :

SCENE #

ACTION :

DIALOGUE :

SCENE #

ACTION :

DIALOGUE :

SCENE #

ACTION :

DIALOGUE :

SCENE #

ACTION :

DIALOGUE :

SCENE #

ACTION :

DIALOGUE :

SCENE #

ACTION :

DIALOGUE :

SCENE #

ACTION :

DIALOGUE :

SCENE #

ACTION :

DIALOGUE :

SCENE #

ACTION :

DIALOGUE :

SCENE #

ACTION :

DIALOGUE :

SCENE #

ACTION :

DIALOGUE :

SCENE #

ACTION :

DIALOGUE :

SCENE #

ACTION :

DIALOGUE :

SCENE #

ACTION :

DIALOGUE :

SCENE #

ACTION :

DIALOGUE :

SCENE #

ACTION :

DIALOGUE :

SCENE #

ACTION :

DIALOGUE :

SCENE #

ACTION :

DIALOGUE :

SCENE #

ACTION :

DIALOGUE :

SCENE #

ACTION :

DIALOGUE :

SCENE #

ACTION :

DIALOGUE :

SCENE #

ACTION :

DIALOGUE :

SCENE #

ACTION :

DIALOGUE :

SCENE #

ACTION :

DIALOGUE :

SCENE #

ACTION :

DIALOGUE :

SCENE #

ACTION :

DIALOGUE :

SCENE #
_____

ACTION :

DIALOGUE :

SCENE #
_____

ACTION :

DIALOGUE :

SCENE #
_____

ACTION :

DIALOGUE :

SCENE #

ACTION :

DIALOGUE :

SCENE #

ACTION :

DIALOGUE :

SCENE #

ACTION :

DIALOGUE :

SCENE #

ACTION :

DIALOGUE :

SCENE #

ACTION :

DIALOGUE :

SCENE #

ACTION :

DIALOGUE :

SCENE #

ACTION :

DIALOGUE :

SCENE #

ACTION :

DIALOGUE :

SCENE #

ACTION :

DIALOGUE :

SCENE #

ACTION :

DIALOGUE :

SCENE #

ACTION :

DIALOGUE :

SCENE #

ACTION :

DIALOGUE :

SCENE #

ACTION :

DIALOGUE :

SCENE #

ACTION :

DIALOGUE :

SCENE #

ACTION :

DIALOGUE :

SCENE #

ACTION :

DIALOGUE :

SCENE #

ACTION :

DIALOGUE :

SCENE #

ACTION :

DIALOGUE :

SCENE #

ACTION :

DIALOGUE :

SCENE #

ACTION :

DIALOGUE :

SCENE #

ACTION :

DIALOGUE :

SCENE #

ACTION :

DIALOGUE :

SCENE #

ACTION :

DIALOGUE :

SCENE #

ACTION :

DIALOGUE :

SCENE #

ACTION :

DIALOGUE :

SCENE #

ACTION :

DIALOGUE :

SCENE #

ACTION :

DIALOGUE :

SCENE #

ACTION :

DIALOGUE :

SCENE #

ACTION :

DIALOGUE :

SCENE #

ACTION :

DIALOGUE :

SCENE #

ACTION :

DIALOGUE :

SCENE #

ACTION :

DIALOGUE :

SCENE #

ACTION :

DIALOGUE :

SCENE #

ACTION :

DIALOGUE :

SCENE #

ACTION :

DIALOGUE :

SCENE #

ACTION :

DIALOGUE :

SCENE #

ACTION :

DIALOGUE :

SCENE #

ACTION :

DIALOGUE :

SCENE #

ACTION :

DIALOGUE :

SCENE #

ACTION :

DIALOGUE :

SCENE #

ACTION :

DIALOGUE :

SCENE #

ACTION :

DIALOGUE :

SCENE #

ACTION :

DIALOGUE :

SCENE #

ACTION :

DIALOGUE :

SCENE #

ACTION :

DIALOGUE :

www.ingramcontent.com/pod-product-compliance
Lightning Source LLC
Chambersburg PA
CBHW081519220526
45467CB00010B/2975